Dolores Soler-Espiauba

Pisco significa pájaro

PERÚ

Serie América Latina

Coordinación editorial: Jaime Corpas
Diseño de cubierta: Eduard Sancho
Diseño del interior y maquetación: Oscar García Ortega / Maria Ratajczak
Fotografía de cubierta: Daniel Beams
Ilustraciones: Paloma Soler-Espiauba

Grabación CD: RecLab
Locutor: Javier de la Torre

Reimpresión: agosto 2014

ISBN: 978-84-8443-480-1
Depósito Legal: B-18745-2014

Impreso en España por Raro

difusión

Centro de
Investigación y
Publicaciones
de Idiomas, S. L.

C/ Trafalgar, 10, entlo. 1ª
08010 Barcelona
Tel. (+34) 93 268 03 00
Fax (+34) 93 310 33 40
editorial@difusion.com

www.difusion.com

El niño está pintando un gran sol en la pared sucia y gris de la escalera. Es moreno, bajito, tiene los ojos negros y lleva unos vaqueros y un jersey rojo. A su lado, un cubo de pintura amarilla y, en su mano, una brocha.

El grupo de voluntarios se detiene junto a él y el director del centro explica:

—Éste es nuestro pintor, nuestro artista. Es peruano y hace dos meses que vive con nosotros. De momento, solo habla español.

—¿Cómo te llamas? —le pregunta en español Jordi.

El niño sonríe y le contesta:

—Soy Poli. Bueno, Policarpo, pero todo el mundo me llama Poli. ¿Usted de dónde es?

—Soy español. Pero voy a ir a vivir a Perú. He venido aquí a Bruselas para visitar este centro de acogida, porque trabajo en una ONG[1].

—¿Y eso qué es?

—Bueno, una organización que intenta ayudar a la gente más necesitada...

—Pues qué bien, pero yo no necesito ayuda, yo solo quiero ser libre. Poli agarra la brocha y empieza a pintar una montaña delante del sol.

—¿Y cómo se llama tu mural[2]?

—"La creación del mundo".

—Es muy bonito.

—Sí, los colores son lindos. Acá no hay colores. Todo es gris.

El director del centro dice:

—Tenemos que continuar la visita.

—Adiós, Poli. Igual nos vemos luego.

—*Chau*[3]... ¿Y usted, cómo se llama?

—Jordi.

—¿Y eso qué es?

—Es Jorge en catalán.

—¿Y eso qué es?

Jordi se ríe.

—Es el idioma que se habla en Cataluña, en Barcelona. Yo soy de Barcelona y allí, además del español, se habla catalán. Las dos lenguas son oficiales.

—Ah... A ese sitio es adonde yo quería ir: a España.

—Por favor, por aquí, vamos a ver la sala de juegos... —continúa el director.

—Hasta luego, Poli. Nos vemos.

Y Poli se queda solo.

En la sala de juegos hay dos mesas de pimpón, una televisión, un *futbolín*[4] y varias mesas con juegos de damas y de *ajedrez*[5]. Hay también grupos de chicos y chicas, entre 13 y 17 años, de etnias diferentes, de todos los continentes, hablando en diferentes idiomas.

—Éste es el pabellón donde viven niños que han llegado solos a Bélgica y que nunca han sido reclamados. No conocemos a sus familias. Pueden quedarse aquí hasta los 18 años. Tenemos chicos de Marruecos, de Sierra Leona, de Colombia, de la República del Congo, de Brasil, de Nigeria, de Argelia, de Kosovo...

Junto al televisor encendido hay una banderita que dice *Happy Birthday.*

—¿De quién es el cumpleaños hoy? —pregunta una de las visitantes.

Una chica levanta la mano.

—¿Cuántos años cumples?

—Creo que quince.

—Pues feliz cumpleaños... ¿Y de dónde eres?

—De Nigeria.

—¿Y qué haces aquí?

—Esperar los papeles.

—Pero durante el día, ¿qué actividades haces? —pregunta Jordi.

—A veces canto, cantamos... Cantamos música de nuestra tierra, y bailamos también... Tenemos casetes, y una radio... Y los chicos juegan al fútbol cuando no llueve. No sé... Aquí siempre llueve. También vamos a clase, aprendemos francés porque hay que hablar con los abogados, con la asistente social...

—¿Y a ti? ¿Te gusta estar aquí? —le pregunta Jordi a una chica que les escucha.

—No. Yo quiero ir a Estados Unidos.

—¿Y para qué?

—No sé... para ser libre, para oír música. Aquí hay que fregar los platos, poner la mesa, todo por turno, todo organizado, todo ordenado; ir a clase, hacer los deberes... cenar a las seis de la tarde, ir a la cama a las diez y media, levantarse a las siete...

En un rincón, otro muchacho, solo: Alfa, de Sierra Leona.

—¿Y tú? —pregunta Jordi.

—*Me? I... I feel alone.*

Capítulo 2

El director los acompaña a su despacho y les explica:

—Todos estos jóvenes, casi niños, han llegado a Europa clandestinamente, sin papeles, sin familia. Han huido de la miseria y de la guerra en su país. No podemos devolverlos si nadie los reclama. A los 18 años pasan al grupo de refugiados adultos. Nosotros hacemos lo que podemos: alimentarlos, enseñarles uno de nuestros idiomas, una cultura... Algunos tienen un pasado de delincuencia, de droga, de guerra. Nunca hablan de eso, tampoco entre ellos. Quieren olvidar.

—Pero... esto es todo lo que podemos darles —dice señalando con el brazo las paredes grises, las sillas incómodas, el paisaje de invierno detrás de las ventanas.

—¿Y Poli, el pequeño peruano?

—Poli quería ir a España a buscar a un amigo español, un voluntario de una ONG que conoció en Perú... Creo que llegó a Ostende escondido en un barco... Es un chico listo, pinta bien.

—¿Puedo volver mañana a hacerle una visita? Así, por lo menos puede hablar en español con alguien.

—Por supuesto, pero mejor antes de las once porque a las doce es el almuerzo.

Cuando Jordi y los demás voluntarios bajan la escalera, ya no están ni Policarpo, ni su cubo de pintura, ni su brocha. Pero por encima de la montaña, entre la montaña y el sol, vuela un pájaro, un pájaro de los Andes.

Capítulo 3

Jordi se baja del tranvía, un tranvía largo y amarillo que atraviesa todo Bruselas. Lleva en la mano una bolsa de un supermercado con un refresco, un paquete de galletas, una bolsa de patatas fritas, chocolate belga (el mejor del mundo), varios comics *Mortadelo y Filemón*[5] y algunos CD de música.

—Mira, Poli, lo que te traigo.

—¿A cambio de qué?

—No seas desconfiado, hombre[7].

—Nadie me ha dado nada gratis en mi vida.

—Bueno, pues es la primera vez. ¿Invitamos a tus amigos?

—No. ¿Por qué ha vuelto?

—Porque quiero saber más cosas de ti y porque mañana me voy a Perú, a Lima.

—Y yo que quería ir a España, a Madrid.

—¿Por qué a Madrid?

—Porque allí vivía Diego. Y también por el *Real Madrid*[8].

—¿Y quién es Diego?

—Mi amigo español. Un cooperante voluntario, como usted. Trabajaba en "Esperanza para todos" o "Futuro mejor" o algo así. Éramos muy amigos, pero un día desapareció.

—¿Cómo que desapareció?

—Sí, un día me dijo: mañana viajo a Cuzco... Y nunca más lo vi.

7

–¿Y erais amigos?

–Sí, me prestaba su bicicleta, me llevaba al cine, me invitaba a helados... Además, me enseñó a leer.

–¡Ah, sí! Eso está muy bien. Es muy importante saber leer.

–Para lo que me va a servir... Estoy encerrado aquí como una rata.

–Escucha, Poli. No tienes que pensar así. Saber leer es importante y te va a ayudar. Mira, hoy te dejo estos dos *tebeos*[9] y mañana, antes de ir al aeropuerto, te traeré otra cosa que te va a gustar, ¿vale?

–Vale.

–Dime Poli, ¿no tienes familia en Perú? ¿No conoces a nadie allí? Si quieres, puedo llevar un mensaje de tu parte...

–Mi madre me abandonó cuando era un bebé. Me dejó en La Posadita del Niño Jesús con las monjitas... Mi padre, no sé quién es.

–¿Y te educaron las monjas?

–Sí, hasta los nueve años. Luego, a la calle.

–¿Te echaron?

–No, me fui yo solo, con unos compadritos. Aquello era bueno. Un día dormíamos aquí, otro allí, otro no dormíamos. A veces esnifábamos...

–¡Vaya! ¿Y comer?

–Nos robábamos cositas en los supermercados. Y luego, los monederos en los transportes... Nunca faltaba *platita*[10]. Pero también trabajé duro, no crea.

–¡Ah, sí? ¿Y cómo?

–Lustrando zapatos en la Plaza de Armas de Lima.

–¡Eso está bien! ¿Y cuánto ganabas?

–Los días buenos, o sea, sábados y domingos, me ganaba hasta 10 ó 12 soles. También vendía periódicos en la calle. Pero muchos querían hacer esto y no había trabajo para todos... Después estuve muy enfermo y no podía trabajar más. Entonces conocí a Diego.

–Diego... ¿Diego qué más? *surname*

–Quintana, o algo así, de apellido. Tenía veintidós años y era muy deportista, practicaba el *andinismo*[11] y era de Madrid, pero era del *Atlético*[12]. Era el único defecto que tenía. ¿Lo va usted a buscar?

–Lo voy a intentar... Pero Perú es muy grande. No va a ser fácil. ¿No tienes a nadie más en Perú que te pueda reclamar?

–Bueno, Lenin, el tío Lenin.

–¿Lenin?

–Sí, el hermano de mi mamá. Pero...

Suena una campana que anuncia la hora del almuerzo. Pasan grupos de chicos hacia el comedor.

–Hi, Poli! Come on! –le dice un chico a Poli.

–Vuelvo mañana, Poli. Ya verás la sorpresa.

Capítulo 4

En la residencia donde se aloja, Jordi va directamente a la sala de ordenadores. Jordi sabe que al llegar a Perú tendrá que decir siempre *computadora*, como tantas palabras que tendrá que cambiar al español de América. Se conecta a Internet, escribe la dirección www.peru.com y empieza a navegar por la red buscando información sobre el país de Poli, el país adonde viajará mañana. En la pantalla aparece un mapa del país y Jordi encuentra Lima en la costa, su primer objetivo. Después hace clic en Geografía y Economía y se entera de que Perú tiene unos veinticuatro millones de habitantes, que aumentan en medio millón cada año. El 32% de la población trabaja en el campo o en las montañas, pero más de la mitad de los habitantes viven en la costa, en las ciudades. Solo un 11% vive en la zona amazónica, la más extensa del país.

El Huascarán, la montaña más alta, tiene casi 7000 m de altitud y las estaciones son esencialmente dos: la estación seca y la de las lluvias. La madera de la selva es una de sus riquezas, así como la pesca y la ganadería: vacas, ovejas, llamas, alpacas, vicuñas, guanacos... La pantalla informa a Jordi también de que Perú posee grandes riquezas en minerales (plata, oro, cobre, cinc...) así como gas natural y petróleo.

Al cabo de un rato, Jordi decide dejar la Historia para otro día, pero antes de desconectarse, consulta el horóscopo de

Internet. Quiere saber si mañana le espera un día de buena o mala suerte. Jordi consulta el horóscopo todos los días de su vida y cree en los signos del zodiaco. Hace clic en Virgo, porque nació en agosto, en pleno verano, y lee: *Conseguirás todos tus objetivos, pero no te confíes demasiado. Suerte con el número 17.*

Fuera ha empezado a llover, pero Jordi tiene que hacer una compra urgente. Toma el paraguas y sale a la calle. Espera el tranvía que conduce al centro y cuando éste llega, ve que es el número 17.

Capítulo 5

−¿Qué es lo que más echas de menos de Lima, Poli?

El niño mira muy serio a su nuevo amigo:

−¿Que qué extraño más? Mmm... El fútbol.

−¿Ibas a los partidos?

No, solo una vez. Me convidó Diego. Fue superbien: la Alianza contra la U.

−¿Qué es la U?

−La U es *Lima Universitario*, es mi equipo. Pero ese día ganó la Alianza, el otro equipo de Lima... Normalmente veíamos los partidos en las vitrinas de las tiendas, en los grandes almacenes, oíamos los goles en las radios de los carros aparcados, de los taxis, hablaba con los amigos, nos peleábamos por nuestro equipo... Y jugábamos en los terrenos abandonados. Hace más de dos meses que no sé si la U gana o pierde los domingos. ¿Se da cuenta, patroncito? Dos meses.

−Vamos a hacer un trato, Poli. Mañana vuelo a Lima. Y te voy a contar desde allí todo sobre la liga peruana y la liga española. Y además, voy a buscar a Diego, te lo prometo. Pero tú tienes que prometerme que no te vas a escapar, que vas a estudiar para aprender muchas cosas y que me vas a esperar aquí.

−Pero Diego a lo mejor ha vuelto a Madrid...

−Sí, pero quizá alguien puede saber algo de él en Lima.

−¿Y qué va usted a hacer, escribirme? Tardan mucho las cartas. Y yo casi no sé escribir. Además, no me gusta. Solo sé pintar.

–Pues tienes que aprender a escribir poco a poco: mensajes cortos para empezar.

–Mira esto –dice Jordi mientras saca del bolsillo de su anorak un pequeño paquete de color verde.

Las manos de Poli tiemblan.

–¿A cambio de qué? –dice Poli.

–¿Lo vas a abrir o no? –le contesta Jordi.

El muchacho abre el paquete y aparece un teléfono móvil, un celular de último modelo, pequeñísimo, lindísimo...

–Pero...

–Es para ti. Para poder comunicarnos tú y yo, para ayudarnos a encontrar a Diego, para que no estés triste. Pero... ¡ojo!, ¡que no te lo robe nadie! Solo tienes que recargar la batería de vez en cuando. Aquí tienes las tarjetas. Yo tengo el mismo, es muy fácil.

–Ya lo sé... Son muy caros. ¿Se lo robó? –dice Poli sonriendo.

–¡No, hombre! Es un regalo de mi abuelo. Mi abuelo murió hace un mes y me dejó un dinerito, una platita, como tú dices. ¿Sabes? A mi abuelo también le gustaba mucho el fútbol y también era del Real Madrid. Seguro que se pone contento de saber que...

–¡Qué bien! Debe ser súper tener un abuelo. En la Posadita nadie tenía abuelo –dice Poli–. Bueno, meta su nombre y su número en la memoria y un día le llamo.

–No, llamar es muy caro. Me envías mensajes escritos. ¿Ok?

–Ok.

–Hasta pronto, Poli.

–Chausito, patrón. Que la pase bien.

Tres horas después Jordi está sentado en un avión rumbo a Lima, vía Madrid, y recuerda la sonrisa de Poli cuando lo dejó delante de su mural en la escalera. Antes de separarse, el niño pintó un segundo pájaro entre el sol y la montaña.

Jordi lee unos papeles de Lima, Perú

Capítulo 6

scared to death

Jordi se muere de miedo en los aviones. En el avión que lo lleva a Lima, se sienta junto al pasillo, así no ve el vacío. Y así también puede mirar a la azafata, que es aún más bonita que la del vuelo anterior. Son las once y cuarto de la mañana y Jordi sabe que tiene muchas horas de viaje por delante. Para no perder el tiempo, saca los papeles que imprimió en Internet y lee:

Lima fue fundada el 8 de enero de 1535 por el conquistador español Francisco Pizarro. Su mejor momento fue el siglo XVII: progreso material y construcción de grandes casonas y palacios. Perú era la más rica de todas las colonias. A finales del siglo XIX Lima vive una gran expansión y a principios del XX llegan muchos inmigrantes del campo. La ciudad antigua, completamente colonial, se conoce como "Lima cuadrada". La Plaza de Armas está en el centro de la ciudad, con los principales monumentos: Palacio del Gobierno, de la Municipalidad, estatua de Pizarro, la Catedral, el Palacio del Arzobispo... Miraflores es un barrio moderno y elegante, con rascacielos, restaurantes y grandes almacenes. El barrio residencial por excelencia se llama San Isidro. Los museos...

—Señor... ¿Desea tomar algo? —le interrumpe la azafata.

Los ojos de la azafata son verdes como el mar de las costas peruanas y Jordi se queda un poco despistado.

Jordi bebe un pisco sour.

–¿Desea tomar algo? –repite la azafata.

–Sí... Mmm... Alguna bebida típica de Perú... – dice Jordi.

–¿Un pisco sour?

–Sí, perfecto.

Al cabo de unos minutos, la azafata le sirve una copa con una bebida helada y blanca, que Jordi prueba inmediatamente.

–Es delicioso, está buenísimo. ¿Qué lleva?

–La base es el pisco, un aguardiente de uva que se produce en Perú y, para hacer el *coctel*, se le añade limón exprimido, azúcar, clara de huevo, canela o angostura y hielo molido. Pisco es también el nombre de una ciudad, de un río y de una montaña. También hay una tribu que se llama así, y un tipo de vasijas... Ah, y un pájaro.

–¿Y qué relación tiene la bebida con la ciudad, la tribu, los pájaros y todo lo demás?

–Bueno, es una larga historia, pero si quiere, se la cuento.

–Por favor...

–El origen de la palabra pisco es *quechua*[13] y significa pájaro. Cuenta la leyenda que los incas llamaban piscos a los habitantes de la región de Chincha y Paracas, porque en esta zona había muchos pájaros marinos. El nombre pasa después al aguardiente o alcohol fabricado con la uva de estos lugares, a un puerto y a un río y también a la vasija o recipiente que servía antiguamente para contener la *chicha*[14].

–¡Qué linda! *cute*

–¿Perdón?

–Quiero decir... la leyenda, qué linda la leyenda.

Y la azafata se aleja por el pasillo, con sus hermosos ojos verdes. Antes de dormir, Jordi consulta su horóscopo en una revista. *Virgo: Encuentros inesperados y muy gratificantes. Ojo con el alcohol. Su color: el verde. Su número: el 23.*

Estira las piernas, cierra los ojos y en ese momento vuelve la chica de los ojos verdes:

—Si desea dormir tranquilo, la fila 23 a la derecha está completamente vacía, puede ocuparla.

Once horas después, Jordi sigue la fila de viajeros que bajan del avión. Junto a la cabina del piloto, la *tripulación*[15] los despide con una sonrisa:

—Adiós, señora; adiós, señor.

—*Goodbye.*

—Adiós.

Jordi avanza lentamente, está rojo y sus manos sudan abundantemente. Pero no es por el calor. En la mano derecha esconde una hojita de papel en la que ha escrito: *Me gustaría verte en Lima. Me llamo Jordi. Llámame, por favor: 900 89665400.* La chica lo mira, abriendo unos ojos *como platos*[16] (aún más bonitos, piensa Jordi) y *tartamudea*[17], mientras guarda el papel en el bolsillo de su uniforme:

—A... adiós, se... señor.

Capítulo 7

Mientras espera la llegada de su equipaje por la cinta mecánica, conecta el móvil. Todo el mundo hace lo mismo: hablar por el móvil y fumar mientras esperan las maletas. ¡Un mensaje! *Patroncito: Mi mural está casi acabado. Vamos a hacer un concurso de obras de arte. En Lima, mi mejor colega se llama El Piraña[18]. Busque a mi tío Lenin, en los barrios jóvenes. El celular, súper. Chau. Poli.*

Jordi se coloca en la opción "responder mensaje" y escribe: *Las azafatas peruanas son divinas. El pisco también. Bravo por el mural. Ánimo y aguanta. Chao. Jordi.*

Su primera visita, después de dejar la maleta en la residencia de su ONG y de hablar con los responsables, es a La Posadita del Niño Jesús. Atraviesa las calles de Lima mirándolo todo con curiosidad. Todo es diferente de Europa: la luz, la temperatura, la hora, la gente, las miradas, la forma de hablar, las tiendas. Hay gente vestida con *ponchos*[19] y con *chullo*[20] en la cabeza. En la calle hay también muchos puestos de comida (barata pero buena), donde mujeres indígenas, vestidas con sus trajes típicos, ofrecen *anticuchos*[21], *choclos*[22] y *picarones*[23], además de zumos y frutas tropicales frescas: mangos, chirimoyas, maracuyás y papayas. A Jordi *se le hace la boca agua*[24], porque no ha comido nada desde que salió del aeropuerto. Pero tiene una cita y Jordi, como buen catalán, es muy puntual.

Llama a la puerta de La Posada, un edificio muy cuidado y muy blanco. Tiene un jardín con árboles que Jordi nunca ha visto en España y muchas flores. Una religiosa con hábito blanco y marrón le abre la puerta:

—Pase, pase. Sor Mariana, la Superiora, lo está esperando.

Sor Mariana es una mujer de mediana edad, morena y con *gafas*[25]. La salita es fresca y está muy limpia. Hay macetas con plantas de interior, un sofá, media docena de sillas, una mesita baja y una gran imagen del Niño Jesús en el lugar más visible.

—Siéntese, por favor. Claro que me acuerdo de Policarpo. Estuvo aquí nueve años. Su madre nos lo dejó recién nacido. Un chico inteligente y muy imaginativo. No hay muchos así. Un día, Policarpo se marchó... No comprendo por qué... Fue algo muy triste para La Posada. ¿Sabe dónde está ahora?

—Está en Bélgica, en un centro de acogida. Es una historia complicada. Pero él busca a un cooperante español que conoció aquí, en Lima: Diego, Diego Quintana, o algo así... ¿Le suena el nombre? Ese chico le ayudaba mucho y es importante encontrarlo.

—Diego Quintana... La verdad, no. No conozco a nadie con ese nombre. Pero voy a preguntar. Nosotras tenemos contactos con mucha gente, hasta con la policía —dice la monjita sonriendo—. Déjeme su teléfono.

—Y El Piraña. ¿Le dice algo ese nombre?

—Pregunte al Padre Justo, es el párroco de una pequeña iglesia-*dispensario*[26] en una zona de *barriadas*, de *pueblos jóvenes*[27]. Él seguro que sabe. Aquí tiene su dirección.

Sor Mariana le da una tarjetita y lo acompaña hasta la puerta.

—Una última pregunta: ¿conoce a un tal Lenin?

Jordi trata encontrar Lenin. Y encuentra Berenic...

−¿Lenin? No, lo siento. No lo conozco.

Ya en la calle, Jordi no puede resistir la tentación y se compra, por unos cuantos soles, una ración de anticuchos deliciosos, un zumo de maracuyá y un cucurucho de picarones. Para poder comérselos tranquilamente, se sienta en los escalones de una vieja iglesia mientras lee los titulares del periódico que acaba de comprar: El Comercio. Ah, y el horóscopo. *Virgo: Grandes cambios en su vida, posibles problemas de salud. Número de la suerte: el 30.* En ese momento suena su móvil.

−¿Jordi? Soy Berenice.

−¿Berenice? ¿Qué Berenice? ¡¡¡Berenice!!! ¡No es posible! "Se llama Berenice, Dios mío, se llama Berenice, qué lindo nombre...", piensa Jordi maravillado.

−Sí, es posible, todo es posible, pero eres un descarado, darme ese papelito delante de todos mis compañeros. ¡Qué vergüenza!

−Berenice, por favor, no podía decirte adiós para siempre, sin más. ¿Cuándo nos vemos?

−Escucha. Mañana vuelo otra vez a Europa, después tengo un Madrid-Frankfurt ida y vuelta y el 29 vuelvo aquí para unos días de descanso. Llámame el 30, ¿vale?

−Oh, Berenice, yo...

Pero Berenice ya ha colgado. Jordi copia el número de teléfono que aparece en la pequeña pantalla del móvil e inmediatamente lo memoriza. Lima es una ciudad maravillosa, piensa Jordi. Y se compra otra ración de anticuchos, más picarones y otro zumo, esta vez de naranja. Y más dulces. Cuando termina de comer, da un paseo por la *Plaza de San Martín*[28] y, como empieza a anochecer, decide volver a su residencia; ha sido un día muy completo y está cansado.

Jordi está enfermo y estoy prisionero en el cuarto.

Capítulo 8

El nuevo día amanece muy mal para Jordi. Tiene una indigestión porque ayer comió demasiado. Está enfermo, con vómitos y un poco de fiebre. Le duelen mucho la cabeza y el estómago y el responsable de la residencia tiene que llamar al doctor.

–¿Qué le pasa, amigo? Cuénteme.

El médico parece simpático.

–Me encuentro fatal; tengo dolor de cabeza, he vomitado varias veces, creo que tengo fiebre...

–A ver, la lengua... Huy, huy, huy... Usted ha comido demasiado y cosas muy indigestas, amiguito. Le voy a tomar la tensión y la temperatura... A ver: 38,2ºC... Tiene un poco de fiebre, pero la tensión es normal. Va a estar a dieta todo el día, va a beber solamente jugos y mucha agua mineral, claro está, o agua hervida y va a tomar durante tres días los comprimidos que le voy a recetar. Hay una farmacia en la esquina. Mañana estará como nuevo.

Un compañero de la residencia baja a la farmacia y le trae también una jarra de jugos de fruta y una botella de agua mineral sin gas.

–Mala suerte, Jordi. Descansa y... ¡que te mejores! Si necesitas algo, me llamas.

Jordi está triste. Su segundo día en Perú no se presenta bien. Busca el teléfono y envía un mensaje: *Compañerito, yo*

también estoy prisionero en mi cuarto... Creo que tengo "la turista"[29]*. Ayer conocí tu Posadita y empecé a investigar. ¿Y tú? ¿Qué haces? Jordi.*

Se toma la medicina, se bebe un vaso de agua y antes de dormirse consulta el reloj: estamos todavía a 26. Aún faltan cuatro días para el 30. Dios mío, qué cuatro días más largos.

Jordi come el desayuno y piensa sobre la ONG y conoce muros en el vestíbulo.

Capítulo 9

Al día siguiente, Jordi se levanta temprano, descansado y fresco. Un hombre nuevo. Se ducha, se afeita y se viste. Después, toma en el comedor de la residencia un desayuno ligero: té con un poco de leche, una tostada con mantequilla y un zumo de papaya. Luego va al despacho del director de la ONG, donde hay una reunión para recibir a los nuevos colaboradores y organizar el trabajo. Tienen que ocuparse de controlar la puesta en marcha de una escuela y de un dispensario en un pueblo joven de las afueras de Lima. En la ONG, hay chicos y chicas de varias nacionalidades. El director también es joven y parece que hay un buen ambiente. Los nuevos visitarán hoy el centro antiguo de Lima con un guía limeño y mañana empezarán dos semanas de formación antes de trabajar de verdad.

Como tiene un rato libre, se conecta a Internet y busca ONGs que se llamen "Futuro mejor" o "Esperanza para todos" o algo parecido... No encuentra nada. Busca sinónimos de "futuro" y escribe "porvenir"... ¡Ajá! Aquí hay algo... "Porvenir para todos"... La pantalla del ordenador se ilumina, se colorea y aparecen datos, direcciones, fotos. Hay también una dirección de correo electrónico y Jordi envía inmediatamente un e-mail: Soy cooperante voluntario en la ONG "Todo terreno". ¿Podrían darme alguna noticia de Diego Quintana, un cooperante español?

Ya que está conectado a Internet, decide buscar algo de información sobre fútbol peruano. Lee una noticia que explica que Perú no se ha clasificado para el Mundial. Luego, entra en una página sobre el Lima Universitario, el equipo de Poli. Jordi lee un poco sobre la historia del equipo. Luego, hace clic en "Última jornada". La U perdió 2-1 contra Cienciano en el último partido.

"Qué pena", piensa Jordi. Luego, cierra el ordenador. Perdón, la *computadora*. (Estamos en Perú).

Sus compañeros lo buscan para la visita a la ciudad.

Antes de bajar, su móvil le anuncia con un simpático pitido que tiene un nuevo mensaje: *Patroncito ¿Qué pasa con la U? ¿Gana o no gana?¿Y del Real Madrid, sabe algo? Me ha olvidado completamente. Aquí, siempre la lluvia. Poli.*

Pobre Poli, piensa Jordi. ¿Cómo anunciarle que su equipo ha perdido este domingo, y que el Real Madrid tampoco ha ganado? Es demasiado y prefiere no contestar.

En el vestíbulo están otros cuatro cooperantes nuevos: dos chicas canadienses y dos muchachos, uno francés y otro español. Marcos, el guía peruano, les anuncia que van a visitar el centro antiguo de Lima a pie. Al salir a la calle, una pequeña lluvia fina sorprende a Jordi: *Aquí también llueve, Poli. No te he olvidado. Mañana te cuento. Jordi.*

—Es la *garúa*[30] —explica Marcos.

Y Jordi se pone un *chubasquero*[31] que siempre lleva en sus viajes. Ha olvidado consultar el horóscopo.

El guía cuenta que Lima fue fundada en 1535 por Francisco Pizarro. Fue una ciudad de gran prestigio durante los primeros siglos de la colonización y su puerto de El Callao le dio mucha vida, pero perdió importancia más tarde...

Actualmente hay en Lima una gran inmigración rural que se ha instalado en los barrios situados en la periferia de la ciudad. Son barrios muy pobres. El centro histórico es fabuloso y se ha conservado perfectamente. Sin embargo, en diciembre de 2001, un terrible incendio destruyó parte de esta ciudad-museo y causó un gran número de muertos.

Empiezan por la Plaza de Armas, con unos magníficos balcones de madera tallada en las fachadas de los edificios. Jordi y sus amigos visitan el Palacio del Gobernador y el Ayuntamiento, con la estatua ecuestre de Pizarro delante; entran en la catedral y admiran sus tesoros; se detienen delante del palacio del Arzobispo y de los edificios coloniales de principios del XVIII.

Marcos los conduce al Monasterio de San Francisco, joya de la Lima colonial, con un claustro de *azulejos*[32] andaluces impresionante. Pasan por varias iglesias coloniales: San Pedro, La Merced, Santo Domingo... A Jordi le gusta sobre todo la iglesia de Las Nazarenas, con su Cristo Negro en el interior, "El Señor de los Milagros", que en octubre sale en procesión por la ciudad, seguido por cientos de miles de personas. Marcos les cuenta que es una de las procesiones más famosas de Latinoamérica, donde existe un interesante *sincretismo*[33] de religión católica y religiones autóctonas. Después les muestra el Palacio Torre Tagle, uno de los monumentos más bellos y terminan en la Casona de San Marcos, donde estuvo la antigua Universidad de San Marcos, la más antigua del continente.

Es ya un poco tarde y el guía les promete llevarlos otro día al famoso mercado de "Polvos Azules", donde se puede comprar de todo a precios baratísimos: relojes, cigarrillos, whisky escocés, ropa y otras muchas cosas.

El grupo de voluntarios está muy cansado. Han caminado mucho y han visto cosas muy interesantes. Al volver a la residencia, Jordi le pregunta a Marcos:

—Marcos, quiero comprar música peruana moderna. ¿Puedes aconsejarme algún disco bueno, algún nombre?

—Claro que sí, con mucho gusto. A mí me encanta Susana Baca. No es realmente moderna, porque hace años que canta, pero es extraordinaria y no pasa de moda. Canta el folclore peruano negro, porque también llegaron esclavos africanos a nuestras costas y hay peruanos de ascendencia africana, como también los hay de ascendencia japonesa...

—Hasta un *presidente*[34] de la República, ¿no?

—Sí, pero se marchó a Japón. Ése ya no vuelve más...

Y Marcos se ríe.

—Pero Susana Baca es otra cosa, puro Perú. Tienes que oírla. Tiene una voz... Y un ritmo... Creo que tengo una cinta en mi cuarto. Mañana te la paso. Otra cantante fabulosa es Chabuca Granda, una de las personas más respetadas del Perú. Ya murió, pero, todos los domingos, la emisora Telestereo 88 FM le dedica un programa. Ha tenido una influencia enorme en muchos cantantes y músicos, incluso en *Paco de Lucía*[35] y *Joaquín Sabina*[36]. Tienes que escucharla. ¿Conoces los valses *criollos*[37]?

—Un poco, "La flor de la canela", claro. En España lo popularizó María Dolores Pradera. Todo el mundo lo conoce.

—Ya. De todas formas, lo que está realmente de moda en Perú es la salsa, pero claro, se baila en todo el mundo. A los jóvenes peruanos les encanta ahora, para bailar, la música chicha.

—¿Y eso qué es? (Jordi piensa en Poli).

—Es una mezcla de muchos estilos, pero sobre todo tiene ritmos andinos y de otras regiones del Perú. Es puro Perú. Tiene mucho éxito.

Media hora más tarde, Marcos llama a la puerta de Jordi, con un CD en la mano.

—Mira lo que he encontrado —dice Marcos mientras le muestra un disco de Susana Baca.

Jordi, que no puede vivir sin música, viaja siempre con un discman e inmediatamente escucha el disco que le ha prestado su compañero. Después, marca un número de muchas cifras en su móvil y oye una voz infantil y lejana:

—¿Aló?

—Soy Jordi. Escucha bien. Te regalo...

Jordi lee atentamente la duración de cada canción en la contraportada del disco.

—Te regalo 2 minutos y 38 segundos de música peruana, especial para tiempo de lluvia. No te hablo más porque esto me cuesta una platita. Escucha bien.

—Gracias, patroncito. ¿Ganó la U?

—Otro día te cuento. Chao, Poli.

(handwritten note at top): Jordi es un ingeniero. Una persona llama él por que este es un estercolero.

Capítulo 10

Jordi ha trabajado toda la mañana bajo la dirección del jefe de proyecto en la contabilidad de las obras *(handwritten: works)* del pueblo joven de Candelario. En el equipo de Jordi hay también un ingeniero *(handwritten: engineer)* técnico, una médica que organiza el dispensario, un enfermero que colabora con ella y una psicóloga. Marcos es el coordinador del equipo y se ocupa de los contactos con las autoridades locales y con los habitantes de la barriada. Jordi revisa el presupuesto, *(handwritten: budget)* comprueba las facturas, compara las cantidades, corrige los errores. Suena el teléfono.

—Soy Sor Mariana. ¿Molesto?

—Por favor, Sor Mariana, ¡qué pregunta! ¿En qué puedo servirla?

—Verá, he hablado con el Padre Justo, el cura de Nuestra Señora del Rosario, ya sabe... Conoce a un chico a quien llaman El Piraña. Trabaja en el *estercolero*[38] *(handwritten: manure)*, muy cerca de donde están trabajando ustedes. Pregunte por él, todo el mundo lo conoce.

—Sor Mariana, yo...

—No tiene que darme las gracias. Si habla con Policarpo, dígale que no estamos enojadas con él, que es todavía nuestro chiquito y lo queremos mucho y rezamos por él.

[handwritten: Jordi encuentra a los amigos de Poli en el estercolero.]

Capítulo 11

[handwritten: odor]

El olor es insoportable. El estercolero es una extensión grande como un campo de fútbol donde constantemente están llegando camiones cargados de basura. *[handwritten: trucking of trash]* El ruido es insoportable también, y el polvo. Un ejército de niños y de mujeres, algunas con bebés a la espalda, con bolsas de plástico en las manos, busca y rebusca entre las basuras de los millones de habitantes de Lima.

—¡Eh! ¿Conoces a un niño al que llaman Piraña?

El niño señala con el brazo.

—Por allá anda...

Jordi casi no puede respirar. Mira al suelo. Hay de todo: restos de comida, botellas, cartones, plásticos, trozos de metal, periódicos, animales muertos...

—¿Pero se puede encontrar algo aquí? —pregunta Jordi.

—A veces – dice el niño–. Y sigue buscando.

—¿Está por aquí El Piraña?

—A veces. ¡Pirañaaaaaa! ¡¡Aquí hay un español que te buscaaaaaa!!

[handwritten: skinny] Un niño mulato, flaco y ágil, con una cicatriz en la cara, se acerca.

—¿Pasa algo?

—Vengo de parte de un amigo tuyo.

—Yo no tengo amigos.

–Sí. Tu amigo Poli.

El chico deja la bolsa en el suelo y mira a Jordi con los ojos muy abiertos.

–¿Poli? ¿Dónde está?

–Está en Europa, pero quiere volver a Perú.

–¿Volver a Perú?

–Escucha, vamos a hablar tranquilamente tú y yo. Vamos a comer algo en un lugar tranquilo.

–Usted es de la policía...

–Para nada. Trabajo en una ONG, en la construcción de una nueva escuela. Llegué a Perú hace unos días y traigo noticias de Poli. Anda, vente conmigo y hablamos.

Jordi acompaña al Piraña a la residencia.

–¿Quieres ducharte? Tenemos una ducha para nosotros ahí dentro. Venga, te saco una toalla y te quedas como nuevo.

El chico lo mira desconfiado.

–¿Seguro que no es de la policía?

–Qué obsesión. No soy de la policía. Mientras te duchas, preparo unos *sanguchitos*[39] y unos choclos. Y si te lavas bien las orejas, te invito a una Inca-kola.

Un cuarto de hora después, El Piraña parece otro niño y hasta huele a jabón. Lo peor es la ropa, tiene que ponerse otra vez su vieja ropa sucia.

–No te preocupes, mañana te traigo ropa limpia. Seguro que encuentro algo en la residencia. Anda, siéntate y come.

El niño devora dos sanguches, uno tras otro, y dos choclos.

–Aquí tienes tu Inca-kola. Y ahora, escúchame: Poli se fue a España a buscar a su amigo Diego...

–Ya lo sé.

—Pero no llegó a España. Está en Bélgica, en un centro para niños inmigrantes sin familia. Si nadie lo reclama, tendrá que quedarse allí. Y está muy triste. Quiere encontrar a Diego y volver a Perú. A lo mejor tú puedes ayudarme. Necesito saber dos cosas: dónde está Diego y dónde puedo encontrar a su tío Lenin.

—¿Lenin? También trabaja en el estercolero.

—Lenin es el único que puede reclamarlo, si es hermano de su madre. Y ahora dime otra cosa. ¿Dónde está Diego?

—Diego se fue a Machu Picchu y nunca más volvió.

—Eso ya lo sabía. Me lo contó Poli. ¿Qué más sabes tú?

—No se lo diga a Poli, pero Diego murió en un accidente de ómnibus.

—No puede ser.

—Sí puede ser.

—¿Y tú cómo lo sabes?

—Lo vi en un periódico. En El Comercio. Yo recojo sobre todo periódicos. El papel lo pagan bien.

—¿Estás seguro? ¿Tienes el periódico todavía?

—Pues claro, patrón. En la biblioteca del salón de mi casa, en _San Isidro_[40] —se burla El Piraña.

—¿Había en el periódico alguna fotografía de él?

—No. Pero decía que era un cooperante español y que se llamaba Diego Quintilla o Quintana, ya no me acuerdo. Oiga... ¿Usted de verdad es español?

—Pues claro.

—Yo vi a los reyes de su país.

—¿En la tele?

—Nada de tele. Como le estoy viendo a usted. Vinieron a Lima el mes pasado. Yo estaba en la calle, delante del Palacio

Presidencial, es un buen lugar para buscarse la vida. Y bajaron de un *carro*[41] negro... así de largo –dice El Piraña abriendo sus brazos.

–La Reina, con un ramo de flores en la mano. Alta como una *gringa*[42] y con los ojos azules, gringa pura. El Rey... bueno, no llevaba corona. Un poco raro, ¿no? ¿De verdad es rey?

–Sí, sí. Seguro que es rey. Los reyes de ahora ya no llevan corona, son muy modernos. ¿Dónde puedo ver a Lenin?

–Huy, Lenin. Nunca se sabe dónde está, pero si lo veo...

–Vale, a ver si te encuentro ropa nueva. Chao, Piraña.

–Chausito, patrón.

Claire es la psicóloga del grupo.

Capítulo 12

En el pequeño salón de la residencia, Claire, la psicóloga del grupo, está leyendo El Comercio.

—¿Me lo prestas un momento? Es para ver el horóscopo.

—¿Pero tú crees en esas cosas? —se ríe Claire.

—Bueno, un poquito nada más. A ver... _Virgo: Jornada llena de posibilidades. Tendencia a la depresión. Vigile sus bebidas. Número de la suerte, el 6._

—Gracias.

Y le devuelve el periódico.

—¿Los psicólogos no creéis en los astros?

—No. Solo en las personas.

—Y en sus problemas.

—Eso.

—¿Puedo preguntarte por qué has venido a Perú?

—Bueno... Seguramente por lo mismo que tú y también porque estoy haciendo una tesis sobre literatura peruana.

—¿Literatura, una psicóloga?

—La psicología está en todas partes. Mi tesis se titula "La influencia del mestizaje en la sociedad limeña a través del comportamiento de los personajes literarios de la novela peruana del siglo XX".

—¡Toma ya!

—¿No te gusta?

Los dos dicen como mas novelas

—Muy complicado, ¿no?

—¡Qué va! Apasionante. Hay que leer mucho, hay que observar mucho, pero eso a mí me gusta.

—¿Cuáles son tus escritores peruanos preferidos, Claire? Quisiera comprar algún libro.

—Bueno... José María Arguedas es como el padre de todos ellos, un defensor del indigenismo... Su novela *Los ríos profundos* es un clásico. ¿No la conoces? También está César Vallejo, un gran poeta... De los actuales, mi preferido es Alfredo Bryce Echenique, un autor de novelas y relatos con una imaginación y un sentido del humor maravillosos. Deberías leer *Un mundo para Julius* y sus cuentos también. Pero el más conocido internacionalmente, claro, es Mario Vargas Llosa, un gran escritor que vive en Londres y que se presentó a la Presidencia de la República contra Fujimori. Es un personaje polémico, pero un gran escritor. Te aconsejo *Pantaleón y las visitadoras*, *La casa verde*, *La tía Julia y el escribidor*, *La guerra del fin del mundo*, *La ciudad y los perros*... Bueno, te daré una lista completa, si te apetece leer. Otro, mucho más joven, que también tiene su interés, es Jaime Bayly. *No se lo digas a nadie retrata* muy bien la sociedad peruana. En fin...

—Cuánto has leído, Claire.

—¿Y a ti, no te gusta leer, Jordi?

—Bueno, yo soy economista, y... leo sobre todo libros de economía, revistas especializadas... Pero voy a empezar a leer de verdad aquí, tengo que conocer la literatura peruana.

Media hora más tarde, alguien llama a la puerta de su cuarto. Es Claire:

—Te traigo *Magdalena peruana y otros cuentos* de Bryce Echenique. Te va a gustar.

Antes de acostarse, Jordi pone la radio. Hay un programa de deportes y, cuando oye los resultados del fútbol, da un salto de alegría. Inmediatamente, marca un número en su móvil y escribe un mensaje: *¡La U empató[43] fuera de casa y el Madrid ganó por 6 a 0!* Jordi apaga el móvil y se queda triste: esta vez no puede hablar del Real Madrid con su abuelo, como hacía siempre que ganaba. Lo llamaba desde Barcelona a Madrid para comentar la victoria de su equipo. El abuelo estaba feliz como un niño, pero cuando perdía el Madrid, era mejor no llamarlo, porque se ponía de muy mal humor. A veces, hasta no dormía en toda la noche... Pobre abuelo, si estás en algún sitio, ¿sabes que el Real Madrid ha ganado?

Jordi se lava los dientes, se ducha, se pone el pijama, coge su libro, se mete en la cama y piensa de repente: Dios mío, mañana es 30.

Capítulo 13

Han quedado en el Hotel Bolívar, famoso por preparar el mejor pisco sour del mundo. Cuando la ve llegar, Jordi piensa: ella también es la muchacha más bella del mundo. La mira de lejos: es alta y delgada, con una larga y brillante cabellera negra. Tiene los ojos verdes y una boca roja y sensual. Lleva una falda muy corta que muestra sus largas piernas, y una chaqueta de cuero negro, zapatos de tacón alto y un pañuelo de seda en el cuello. Mientras se pone de pie, Jordi piensa que nunca ha salido con una chica tan guapa.

El Hotel Bolívar, construido en los años 20, es muy elegante. Casi hay más camareros que clientes.

—Dos "catedrales", por favor —le pide Berenice al camarero.

El hombre hace una reverencia y se va.

—¿Dos "catedrales", y eso qué es? (Otra vez está hablando como Poli).

—La especialidad de la casa. Una "catedral" es aquí un pisco sour gigantesco. Vas a ver qué cosa más rica. Y ahora cuéntame: ¿A qué has venido a Perú?

—Pues… trabajo en una ONG y, después de unas semanas de formación y de una visita a un centro de refugiados en Bruselas, me han mandado aquí para trabajar en los barrios jóvenes…

—Muy interesante. ¿Y en qué consiste tu trabajo?

—Bueno, pues, en preparar infraestructuras para evitar la emigración salvaje y sobre todo la delincuencia; hacer que los jóvenes puedan sentirse bien en su país, que aprendan a leer, que tengan asistencia sanitaria, centros de ocio y de deportes...

—Muy ambicioso todo eso, ¿no? ¿Tenéis mucho dinero?

—Oh, no. Algunas subvenciones y donaciones de particulares.

—¿Y te pagan?

—Bueno, me alojan, me alimentan y me dan un pequeño sueldo. El viaje me lo he pagado yo. Bueno, de hecho, lo he pagado con el dinero que me dio mi abuelo antes de morir.

—Es un lindo trabajo... y muy generoso. No deben ser muchos...

—No te puedes imaginar la cantidad de voluntarios que hay. En mi país hay todos los años miles de demandas para trabajar en esto.

Llega el camarero con dos vasos enormes.

—Dios mío. ¿Hay que beberse todo esto?

—Mmm... Te va a parecer poco. Pruébalo, pruébalo. Y Berenice sonríe, mostrando unos dientes perfectos, una sonrisa perfecta.

—Y dime, Jordi, ¿ya has empezado a trabajar?

—Sí, estoy trabajando en una escuela, pero... hay un tema que me preocupa mucho. Conozco a un chiquito peruano en Europa que quiere encontrar a un amigo voluntario español de otra ONG, que desapareció misteriosamente en Machu Picchu hace algún tiempo. Me han dicho que murió en un accidente de ómnibus, pero no quiero decírselo a mi amiguito antes de

Berenice es la mujer guapa.

estar seguro, ¿comprendes? No sé qué hacer, Berenice.

—Escucha... Yo tengo unos días de descanso... ¿Y si vamos a Cuzco y a Machu Picchu juntos este fin de semana? Yo hago de guía turística y tú haces de detective... ¿Qué te parece?

El mundo empieza a girar en torno a Jordi. ¿Es el pisco? ¿Es....? Es increíble tanta felicidad ¡Un viaje a la vieja ciudad de los *incas*[44] con Berenice!

—¡Por favor! ¡Otras dos "catedrales"!

Jordi está muy nervioso para su cita con Berenice

Capítulo 14

Los excesos se pagan caros, piensa Jordi a la mañana siguiente. Es sábado, y va a viajar a Machu Picchu con Berenice, pero tiene un terrible dolor de cabeza, la boca seca, está pálido y tiene náuseas. Esto es lo que en España se llama una buena *resaca*[45]. Pero esta vez no llamará al doctor. Se toma dos aspirinas, una taza de café bien fuerte y baja las escaleras de la residencia silbando.

No tiene tiempo para consultar el horóscopo en Internet ni para comprar el periódico. Mejor así. Berenice lo está esperando. La vida es bella.

"Y Berenice también", piensa Jordi una vez más. Berenice lleva hoy unos jeans ajustados, unas zapatillas de deporte blancas, una camiseta de manga larga azul marino y, para el frío de las alturas, una *chompa*[46] típica peruana en lana de *alpaca*[47] muy suave, en tonos naturales y muy calentita.

El vuelo Lima-Cuzco solo dura media hora y, como Berenice es azafata, no ha tenido dificultades para encontrar plazas y, además, a un precio especial. Berenice le deja el asiento junto a la ventanilla porque la vista es espectacular. Como siempre, Jordi tiene miedo en los aviones, y al ver su cara pálida, Berenice se ríe, se ríe.

—Bueno, voy a empezar mi trabajo de guía. ¿Sabes qué significa "Cuzco"?

–Ni idea.

–Pues significa *"ombligo"*[48]. El ombligo del mundo, el centro del mundo para los incas. Fue la capital del imperio hasta 1535, año en que se trasladó a Lima, después de la Conquista. A mí me encanta Cuzco, todo nuestro pasado está representado allí: lo indígena y lo español. Tiene unos muros muy gruesos, con enormes bloques de piedra, posados unos sobre otros, típicamente incas; y está llena de palacios y de iglesias de la época colonial. Sus calles son estrechas, pero todas *adoquinadas*[49]... Hay también una artesanía lindísima, ya verás qué mercado tan pintoresco.

very cute

Capítulo 15

Jordi sigue a su guía a través de la Plaza de Armas y las estrechas calles; visitan la catedral de estilo barroco, con su campana de oro, plata y bronce, que se puede oír a 40 km, y Berenice lo lleva después a la Iglesia del Triunfo.

—Mira: ése es El Cristo de los Temblores. Se llama así porque salvó a Cuzco del seísmo de 1650. Es un regalo del emperador *Carlos V*[50]. Y allá tienes el famoso Templo del Sol, el centro de culto más importante construido durante la época del imperio inca. Para mí, es lo más bello de Cuzco. Sus puertas están recubiertas de oro, es una maravilla, ¿verdad?

—Tiene forma de pirámide truncada. ¡Qué arquitectos los incas!

—Geniales. Y vamos a terminar por el convento de las Vírgenes del Sol, porque hay que subir hasta Machu Picchu. Ahora se llama convento de Santa Catalina. Hace cinco siglos vivían aquí 3000 muchachas nobles dedicadas al culto del sol y al servicio del inca. Unas eran concubinas de éste, otras preparaban la chicha y tejían las túnicas de lana de vicuña que el inca solo se ponía una vez en su vida.

—No te imagino a ti viviendo así, Berenice.

—Ah, no. Jamás. Los tiempos han cambiado. Yo no preparo chicha ni hago túnicas para ningún hombre. Y Berenice se ríe, se ríe...

Jordi explora más con Berenice

Ellos miran muchas comidas diferentes.

Bajo los *soportales*[51] de la plaza hay muchas mujeres indígenas, con bebés a la espalda, que venden una magnífica artesanía, sobre todo tejidos de lana, cerámica y orfebrería. *goldsmith*

Las vendedoras dicen a su paso:

—Cómprame, cómprame...

Pero entre ellas hablan solo quechua. Jordi compra chullos, calcetines, guantes, pendientes y pulseras para la familia y los amigos de España. Compra también una chompa para El Piraña y un collar de piedras verdes para Berenice, a juego con sus ojos.

Pasan por un pequeño mercado de frutas y hortalizas en otra plaza. Los campesinos van vestidos con colores muy vivos y sombreros que indican su lugar de procedencia. Berenice le promete que por la noche lo llevará a un restaurant popular donde hacen la típica *trucha*[52] rosa, una maravilla de la cocina peruana.

—Si quieres, Jordi, antes de subir a Machu Picchu, podemos hacer rápidamente alguna gestión sobre ese chico desaparecido, después estará todo cerrado... ¿Cómo dices que se llama?

—Diego, Diego Quintana, o algo parecido, y era cooperante, es todo lo que sé. Ni siquiera estoy seguro de su apellido ni de la ONG donde trabajaba.

—Mira, aquí en Cuzco hay un organismo que puede informarnos...

—¿La policía?

—Bueno, la policía también, pero yo pensaba en otra ONG, "Solidaridad Andina". Conozco un poco al que la dirige.

—Pues vamos.

Capítulo 16

—¡Qué sorpresa Berenice! ¿Qué estás haciendo en Cuzco?

—Bueno, he acompañado a este amigo español que está buscando a otro amigo español... Le han dicho que tuvo un accidente, algunos dicen que murió en...

—Trabajaba en una ONG que creo que se llama "Porvenir para todos" —interviene Jordi.

—Se llamaba Diego Quintana, creo. Dicen que fue un accidente de ómnibus.

—¿Recuerda cuándo fue?

—Tampoco conozco la fecha... Tal vez seis meses, un año... No sé. Creo que el muchacho era andinista.

—Pues con esos datos, la verdad... Bueno, sí, ahora recuerdo que hubo un accidente de ómnibus el año pasado no muy lejos de aquí, pero no sé si murió alguien, no sé si eran españoles... Es mejor preguntar en el puesto de policía, lo siento.

El policía les dice:

—No podía ser un ómnibus que subía a Machu Picchu, a Machu Picchu solo se sube en tren, o a pie los andinistas... Pero voy a mirar el archivo. A ver... Sí... En agosto pasado cayó un ómnibus de excursionistas por un barranco, pero estaban a 70 km de Cuzco. Era un barranco muy profundo y murió una persona. Un helicóptero los trajo acá, al hospital, había varios heridos.

—¿Tiene usted los nombres?

—Acá tengo el informe, viene todo, todito... Mire: el que murió se llamaba Domingo Quintana, y entre los heridos había un Diego, Diego Querol... Esperen, también hay un Quesada, Digno Quesada, herido también. Ah, y el conductor se llamaba Darío Quintero... Los repatriaron a España al poco tiempo.

Jordi y Berenice se miran, desesperados. Nunca podrán encontrar al Diego de Poli, con todos esos nombres y apellidos tan parecidos.

—¿De dónde venían, adónde iban? —pregunta Berenice.

—Machu Picchu... Dice enigmático el policía. Machu Picchu es un lugar para perderse. Tal vez se perdió su amigo por el *Camino del Inca*[53].

—¿El Camino del Inca? —pregunta Jordi

—Luego te cuento —le dice en voz baja Berenice—. Adiós, señor, y muchas gracias.

Capítulo 17

Cuando llegan arriba, Jordi se queda maravillado:

—Nunca he visto nada tan hermoso.

—Pues eso mismo fue lo que dijo Hiram Birgham.

—¿Quién?

—El historiador americano que descubrió en 1911, y por pura casualidad, las ruinas incas de Machu Picchu.

—¿Por casualidad?

—Sí, se perdió. Iba buscando la ruta de *Bolívar*[54] y apareció aquí, donde ni los españoles en casi cuatro siglos habían estado jamás. Dijo: "No conozco otro lugar en el mundo que pueda compararse con éste". Igual que tú. Bueno, él lo escribió en su libro *La ciudad perdida de los incas*.

—¿También la ciudad se perdió?

—También. Nadie sabía que existía, no se veía desde abajo. Era una ciudadela militar, pero también la gran sepultura del inca Pachacútec y de toda su familia; acá se conserva su momia. Estas cuevas donde están sepultadas las momias de los incas se llaman *huacas*. También había aquí inmensos campos de coca...

—¡Ajá! -dice Jordi irónicamente.

—Cuidado. No confundas la coca con la cocaína. La coca en nuestros países siempre ha servido para combatir la fatiga y también el hambre de los indígenas... Es eficaz igualmente

contra el *soroche*[55]; es algo cultural, se toma en pequeñas cantidades.

—Lo mejor que hay para combatir la fatiga, Berenice, es
dormir. ¿Buscamos un hotel en Cuzco?

—Venga.

—Entonces nos quedamos a dormir en Cuzco. Como conoces a todo el mundo en los aviones, puedes cambiar la reser-
va para mañana sin problema... Anda, dime que sí.

—Huy, huy, huy...

Y Berenice se ríe, se ríe...

Capítulo 18

El domingo por la noche, muy tarde, el taxi ha dejado a Berenice en su casa de Lima y lleva después a Jordi a la residencia. En los escalones de la entrada hay dos personas que parecen dormidas, pero con el ruido del motor se despiertan:

—¡Patrón! ¡Le he traído a Lenin!

Y El Piraña, triunfante, agarra de la manga a un hombre todavía joven, delgado y con barba de varios días.

—Buen trabajo, Piraña. ¿Hace mucho que estáis aquí?

—Todo el día, patrón... ¿Encontró huellas de Diego en Machu Picchu?

—No, Piraña... Yo creo que no ha muerto, pero está complicada la cosa. Tendremos que buscarlo en España, o...

—Buenas noches, Lenin —dice Jordi mientras le da la mano—. Pasen a la salita, es muy tarde pero no importa.

Jordi saca unos refrescos de la nevera:

—Lenin está de acuerdo —dice muy serio El Piraña.

—¿De acuerdo con qué?

El hombre habla por primera vez:

—Con reclamar a mi sobrino, señor, a Poli, el hijo de la Irma. Pero necesito apoyo económico. Yo... yo no puedo alimentarlo, ni educarlo, ni...

—Eso es fantástico. Usted reclama al chico como tío y yo me las arreglo con mi ONG, o con La Posadita o con el Padre Justo

worthily

o con quien sea, para que Poli pueda vivir dignamente...
¿Y su hermana, sabe algo de ella?

—La Irma.... Ay, la Irma, pobrecita Irma. Abandonó al muchachito y desapareció. Hace años que no sé nada de ella.

—Bien, yo creo que podemos hablar de todo esto seriamente mañana con mi director y con... bueno, ya veremos. Ahora es muy tarde y tengo que trabajar temprano...

—Yo también —dice muy serio, El Piraña.

cuzco sweater

—Toma, Piraña, te he traído esta chompa cuzqueña. ¿Nos vemos aquí por la tarde, después del trabajo?

—Sin falta, patrón. Chausito.

Jordi sube a su cuarto muy excitado. Son muchas emociones en un solo fin de semana. Antes de acostarse, consulta el móvil. Hay dos mensajes:

Mensaje número uno: *Patroncito, me gané el primer premio de obras de arte. ¿Encontró a Diego? ¿Ganó la U? ¿Y el Real Madrid?*

Mensaje número dos: *He visitado muchas veces Cuzco y Machu Picchu pero nunca me había gustado tanto. Ha sido un fin de semana lindo, lindo. Vuelo a Miami mañana. Te llamo al volver. Un beso.* *a kiss*

Jordi contesta:

Respuesta número uno: *Todo va bien. Reunión importante mañana para reclamarte. Aún no he encontrado a Diego. Tu amigo Piraña es genial. Ganó la U y el Madrid va segundo en la Liga. Qué bueno lo del premio. (¡Tengo una novia peruana!). Es superguapa.*

Respuesta número 2: *No voy a poder dormir en toda la noche. Creo que yo también me he perdido por los Caminos del Inca. Un beso.*

A los cinco minutos Jordi *duerme como un tronco*[56].

Capítulo 19

En la pequeña salita de la residencia están el Padre Justo, Sor Mariana, el director de "Todo terreno", Marcos, Jordi, Lenin y El Piraña.

1. Sor Mariana propone el regreso de Poli (Policarpo, dice ella) a La Posadita del Niño Jesús, pero El Piraña y Jordi no están de acuerdo. Poli nunca aceptará porque quiere ser libre.

2. Lenin propone que Poli trabaje con él en el estercolero, recibiendo una ayuda económica de la ONG para alimentarlos a los dos, pero nadie está de acuerdo, porque si Poli vuelve es para tener una vida digna.

3. El director de la ONG propone dar trabajo a Lenin como guardián de las obras de la escuela y el dispensario, y dejarle una habitación en estos locales, para recompensarlo por reclamar a Poli.

Todos aceptan.

4. Marcos y Jordi proponen que Poli y El Piraña vivan en la residencia; los cooperantes se encargarán de su escolaridad: Claire, gramática y lectura; Jordi, aritmética, cálculo, geografía...; Marcos, música y dibujo y Luc, el enfermero, les enseñará el francés, que es su idioma materno. Los dos niños deberán colaborar en pequeños trabajos de la ONG: fotocopias, poner la mesa, hacer recados, ir a correos, ir a buscar los periódicos... Eso les permitirá sentirse libres, como ellos desean.

El Piraña da saltos de alegría, pensando que va a vivir con Poli. Sor Mariana ofrece vestir a los chicos con la ropa que reciben en La Posadita. El Padre Justo se ocupará de las gestiones oficiales para la repatriación de Poli, acompañando a Lenin al Ministerio y a la embajada de Bélgica.

Cuando todos se van, Jordi piensa: "Hoy no he consultado mi horóscopo". Pero inmediatamente después se dice: "¿Para qué? Ha sido un día perfecto". Y llama por teléfono a Berenice, a ver si continúa la suerte:

—Necesito urgentemente un guía... Mejor dicho, una guía: tengo que visitar las *"Líneas de Nazca"*[57]. Mi signo del horóscopo chino es el mono y tú ya sabes que entre los dibujos fabulosos de Nazca hay un mono... ¿Vamos el próximo fin de semana?

—Mmm... Me lo tengo que pensar. Me parece que tú lo que quieres es perderte en las Líneas de la Pampa de Nazca, como en el Camino del Inca...

Y Berenice se ríe, se ríe, se ríe...

NOTAS EXPLICATIVAS

(1) **ONG.** Organización No Gubernamental (independiente del gobierno). Se debe pronunciar "oenegé".

(2) **Mural.** Se dice de las pinturas hechas en muros o paredes.

(3) **Chau, chausito.** Variante de *chao* (del italiano *ciao*).

(4) **Futbolín.** Fútbol de mesa con muñecos de madera que se mueven con barras metálicas.

(5) **Ajedrez.** Juego muy antiguo inventado por los persas. Sus piezas se llaman: rey, reina, torre, caballo, alfil y peón.

(6) **Mortadelo y Filemón.** Personajes de una serie de historias ilustradas para niños, muy popular en España.

(7) **Hombre.** Los españoles y muchos latinoamericanos emplean esta exclamación familiarmente, hablando tanto a hombres como a mujeres y niños. Puede significar también asombro, duda, enfado, etc.

(8) **Real Madrid.** Equipo de fútbol de Madrid.

(9) **Tebeos.** Denominación española de los comics o publicaciones infantiles.

(10) **Platita.** Los sufijos en –ito/-ita son muy frecuentes en el español de América. Tienen un carácter esencialmente afectivo, pero también puede ser irónico.

(11) **Andinismo.** El montañismo, practicado en los Andes (como el alpinismo lo es en los Alpes).

(12) **Atlético de Madrid.** Equipo de fútbol de Madrid.

(13) **Quechua.** Antigua lengua de los incas, hablada todavía por gran número de indígenas y con influencia en el español andino.

(14) **Chicha.** Bebida alcohólica obtenida a partir de la fermentación del maíz.

(15) **Tripulación.** Personal que trabaja a bordo de un avión, barco, tren, etc.

(16) **Como platos.** Muy grandes. Se dice únicamente de los ojos.

(17) **Tartamudear.** Hablar repitiendo las sílabas, con dificultad.

(18) **Piraña.** Pez de los ríos de América del Sur, pequeño y de dientes afilados. Es muy peligroso.

(19) **Poncho.** Prenda de vestir de lana, que es como una manta con una abertura en el centro para meter la cabeza.

(20) **Chullo.** Gorro de lana tejida que protege también las orejas.

(21) **Anticuchos.** Pinchos o brochetas de vaca, sazonados con salsas variadas.

(22) **Choclo.** Mazorca tierna de maíz.

(23) **Picarones.** Dulces o rosquillas fritas de harina de yuca.

(24) **Hacérsele a alguien la boca agua.** Expresión coloquial que evoca la saliva que viene a la boca cuando apetece comer algo.

(25) **Gafas.** En Perú, lentes.

(26) **Dispensario.** Pequeño consultorio o enfermería de barrio donde se da asistencia médica a los enfermos.

(27) **Pueblos jóvenes o barriadas.** En Perú, zonas miserables con casas improvisadas y pobres, equivalentes a favelas, chabolas, etc.

(28) **Plaza de San Martín.** Plaza muy popular en el centro de Lima.

(29) **La turista.** Nombre que se da familiarmente a la infección gástrica que afecta a menudo a los turistas en los países tropicales.

(30) **Garúa.** Lluvia ligera muy frecuente en Lima. Suele ir acompañada de bruma.

(31) **Chubasquero.** Anorak impermeable y muy ligero que sirve para protegerse de la lluvia.

(32) **Azulejos.** Cerámica barnizada en tonos azules, muy utilizada por los árabes en la arquitectura de España y Portugal.

(33) **Sincretismo.** Mezcla o combinación de dos culturas, religiones, artes, etc.

(34) Se refiere al presidente **Alberto Fujimori**, que gobernó Perú de 1991 a 2001 y huyó a Japón, su país de origen, al ser acusado de corrupción.

(35) **Paco de Lucía.** Famoso guitarrista y compositor español, especializado en flamenco, internacionalmente conocido.

(36) **Joaquín Sabina.** Famoso cantautor español. Sus canciones son un espejo, a menudo crítico, de la sociedad urbana española.

(37) **Criollo.** Se dice de todo lo relacionado con la cultura llevada a la América hispánica por los colonizadores europeos. Criollo es el descendiente de europeos. Significa también autóctono, propio de la cultura hispanoamericana.

(38) **Estercolero.** Lugar donde se vierten los detritos o basuras de las ciudades.

(39) **Sanguche (-ito):** deformación de *sandwich*.

(40) **San Isidro.** Barrio residencial de Lima, donde viven las clases altas.

(41) **Carro.** En España se usa "coche".

(42) **Gringo/a.** Nombre que se da despectivamente a los estadounidenses (y a veces a los extranjeros) en toda América Latina.

(43) **Empatar.** En el juego o deporte, cuando dos jugadores o equipos terminan con igual resultado.

(44) **Inca.** El gran imperio precolombino que conquistó Francisco Pizarro en nombre de la Corona de España y que después se llamó Perú. Eran **incas** sus habitantes e **inca** su civilización.

(45) **Resaca.** Mal estado físico en que se encuentran al día siguiente los que han bebido demasiado alcohol.

(46) **Chompa.** Jersey de lana en los países andinos.

(47) **Alpaca.** Mamífero rumiante, de la misma familia que la llama, la vicuña y el guanaco. Su lana es muy apreciada.

(48) **Ombligo.** Cicatriz que deja en el vientre de los humanos el corte del cordón umbilical materno.

(49) **Adoquinar.** Hacer transitables calles y caminos con piedras de tamaño regular (adoquines).

(50) **Carlos V** (1500-1558)**.** Emperador de Alemania, príncipe de los Países Bajos y Rey de España, padre de Felipe II.

(51) **Soportales.** En las plazas españolas y coloniales de América, arcadas con columnas que protegen del mal tiempo y del sol.

(52) **Trucha.** Pez de agua dulce de carne muy apreciada.

(53) **El Camino del Inca.** También llamado "Camino Inca", es una senda descubierta por Birgham que conduce a Machu Picchu, bordeada de precipicios y de numerosas terrazas, lo que ha hecho pensar en la hipótesis de un granero de hojas de coca para los habitantes de Cuzco. Su recorrido a pie dura cuatro días y es preciso aclimatarse poco a poco a la altitud para evi-

tar mareos y malestar. La dificultad es moderada, pero el camino es peligroso y es aconsejable no salirse de él, debido al riesgo de perderse o caer por un precipicio.

(54) **Simón Bolívar.** Libertador venezolano que contribuyó de manera decisiva a la independencia de Bolivia, Colombia, Ecuador, Panamá, Perú y Venezuela.

(55) **Soroche.** Se llama así en los Andes al malestar producido por la altura.

(56) **Dormir como un tronco.** Se dice familiarmente cuando alguien duerme de manera muy profunda. También: **dormir a pierna suelta**.

(57) **Líneas de Nazca.** El científico norteamericano Paul Kosok descubrió en 1939 unas inmensas y misteriosas líneas que formaban dibujos (círculos, pájaros, cuadrúpedos y otros animales) en la tierra del desierto de Nazca, en la Pampa de San José (SO del Perú). Apartir de 1940, la matemática alemana María Reiche (*Mystery on the Desert*, Lima, 1949) estudió y cuidó durante más de cuarenta años las huellas de esta cultura preincaica. Hay varias teorías sobre su significado: calendario astronómico, pistas para juegos deportivos o también mensajes a los dioses para pedir la lluvia. Algunos han pensado en pistas de naves extraterrestres. Desde Lima hay vuelos organizados para observar desde el aire estas figuras.

¿HAS COMPRENDIDO BIEN?

1. Responde a las siguientes preguntas.

1. ¿Jordi y Poli son peruanos los dos? ¿De dónde son?

.. No, Jordi es Espanol y Poli es peruano ......

2. ¿Quién es Diego? ¿Qué sabemos de él?

Diego es el amigo de El Piraña. Diego muera en un accidente

3. La mamá de Poli, ¿vive en Bélgica? *de ómnibus a Macchu picchu*

. No, la mama de Poli vive en peru. ....

4. ¿Hablan el mismo idioma materno Jordi y Poli? ¿Por qué razón?

... Si, hablan Espanol y Catalan, ...

5. ¿Qué cosas sabemos que le gustan a Poli?

. . . .

2. Di si son verdaderas o falsas las siguientes frases.   V   M

1. Cuzco significa "ombligo".   ☑   ☐
2. Jordi y Berenice viajan de Lima a Cuzco en avión.   ☐   ☑
3. Hiram Birgham descubrió la penicilina.   ☐   ☑
4. Birgham fue a Perú para buscar oro.   ☐   ☑
5. Los indígenas peruanos utilizan desde siempre la hoja
de coca para luchar contra el soroche.   ☑   ☐
6. Los amigos de Jordi deciden que El Piraña y Poli
deben vivir juntos en Bélgica para aprender francés.   ☑   ☐
7. Pisco significa "pájaro".   ☑   ☐

3. Termina las frases siguientes:

1. Al abuelo de Jordi le gustaba mucho *fútbol y también era del Real M*
2. Pero ahora Jordi está triste, porque su abuelo ha . *muerto*.

3. Con el dinero del abuelo, Jordi compra .un. teléfono....

4. Jordi le da su teléfono a Berenice, porque .Jordi quiere el. numero
                                                                    du teléfono

5. Jordi viaja a Lima para .trabaja. en .ONG.........

6. En sus mensajes, Poli siempre pregunta por ..su. horóscopo

7. Lima fue fundada por el español .en. 8. de. enero. de.1535. por el
                                                                  conquistadora

8. "El Comercio" es el diario ...el. Ecuador...........

4. Marca con una cruz la respuesta correcta.

1. Jordi y Poli se conocen

    a. en Perú.
    b. en Bélgica.
    c. cn España.

2. Poli se escapa de Perú escondido en un barco

    a. porque quiere conocer el mar.
    b. porque busca a su mamá.
    c. porque busca a un amigo.

3. Poli y El Piraña

    a. son hermanos.
    b. son primos.
    c. son amigos.

4. A Jordi le gusta

    a. viajar en avion.
    b. montar en bici.
    c. leer el horóscopo.

5. Completa los espacios vacíos.

Policarpo . . *es* . un niño peruano que ahora vive . . *en* . . . Bélgica
y . . *está* . . . un poco triste, porque no . *pueden* . hablar español.
Policarpo gusta mucho pintar y también . *jugar* . al fútbol. Su amigo
Diego . *está* . desaparecido y Poli piensa que . *está* . . en España.
Jordi y Berenice viajan . . . *a* . . Cuzco. Es la antigua capital del impe-
rio . *Inca* . . También suben . . . *a* . . . . Machu Picchu, ciudadela de
los incas, descubierta . *por* . . . . un historiador americano.
Claire conoce muy . *bien* . . . . . la literatura peruana. Dice que el
. . . . más famoso es M. Vargas Llosa, pero ella . . . . a A.
Bryce Echenique. Le . . . . mucho sus cuentos.

6. En este grupo de palabras hay un intruso. ¿Cuál?

☐ río   ☐ luna   ☒ vasija   ☐ pisco
☐ tribu   ☐ montaña   ☐ pájaro   ☐ ciudad

7. Señala los cuatro animales que se pueden encontrar única-mente en regiones andinas.

☐ toro   ☒ llama   ☒ vicuña   ☐ jirafa
☒ alpaca   ☒ guanaco   ☐ mosca   ☐ ratón

8. Relaciona las palabras de las dos columnas siguientes.

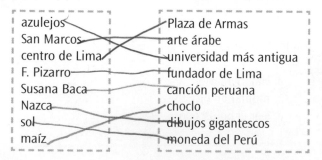

azulejos	Plaza de Armas
San Marcos	arte árabe
centro de Lima	universidad más antigua
F. Pizarro	fundador de Lima
Susana Baca	canción peruana
Nazca	choclo
sol	dibujos gigantescos
maíz	moneda del Perú

9. Combina los siguientes elementos, conjugando los verbos.

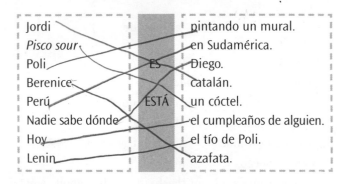

Jordi — pintando un mural.
Pisco sour — en Sudamérica.
Poli — Diego.
Berenice — catalán.
Perú — un cóctel.
Nadie sabe dónde — el cumpleaños de alguien.
Hoy — el tío de Poli.
Lenin — azafata.

ES   ESTÁ

10. Forma los plurales de las siguientes palabras.

catalán .. *catalanes* ...   avión . *aviones* ...
español . *españoles* ...   voz ... *voces* ...
peruano .. *peruanos* ...   rey . ... *reyes* ...
belga ... *belgas* ...   inca .... *incas* ...
inglés .. *ingleses* ...   papel .. *papeles* ...

11. Forma el femenino de las siguientes palabras.

artista .. *artista* ...   difícil .. *difícil* ...
peruano . *peruana* ...   coordinador *coordinadora* .
belga ... *belga* ...   ágil .. *ágil* ...
español . *española* ...   inca .. *inca* ...
grande .. *gran* ...   lindo .. *linda* ...

12. Completa las siguientes frases con las preposiciones adecuadas.

> por   en   a   de

1. Jordi es .. *de* ..... Barcelona.
2. .. *En* ... Perú se habla español y quechua.
3. Perú es la patria .... *de* .. los incas.
4. Poli está buscando ... *a* .... su amigo Diego.
5. Nadie conoce .. *de* .... Diego.
6. Jordi pregunta a una muchacha: ¿ ... *de* .. dónde eres?
7. Otra muchacha dice: "Yo quiero ir .. *a* ..... Estados Unidos".
8. ¿ .. *Por* ... qué busca Jordi ... *a* .... Lenin?
9. Poli ha llegado .... *a* .. Bélgica escondido ... *en* ... un barco.
10. Antes .. *de* . las 11, *por* .. favor. El almuerzo es .. *a* ... las 12.

13. Conjuga en presente los verbos de las siguientes frases.

1. El Piraña y Poli (preferir) *prefieren* .... vivir en libertad.
2. Poli (querer) *quiere* .. encontrar a su amigo Diego.
3. Poli dice: "Hace dos meses que no (yo, saber) .. *sé* .... si la U gana o pierde".
4. En el avión, Jordi (sentarse) *se sienta* junto al pasillo.
5. Berenice le (contar) *cuenta* .. a Jordi la historia del pisco.
6. Jordi (morirse) *se muere* de miedo en los aviones.
7. Jordi (seguir) *sigue* .... la fila de viajeros hacia la salida.
8. El policía dice: "Yo, no (conocer) *conozco* a nadie con ese nombre".
9. Berenice (volar) *vuela* . con mucha frecuencia a Europa.

14. Completa con los pronombres que acompañan a los verbos.

1. Jordi .. *se* ... afeita todos los días.
2. Jordi y Berenice .. *se* ... han conocido en un avión.
3. Jordi y Poli ... *se* ... envían mensajes.
4. En Cataluña .. *se* .... habla catalán y español.
5. "Diego . *me* .... enseñó a leer" –dice Poli.
6. "Saber leer .. *te* .... va a ayudar, Poli" –dice Jordi.
7. Poli .. *se* .... pone contento cuando gana su equipo.
8. El barrio residencial . *se* .... llama San Isidro.
9. Jordi .. *se* ... duerme inmediatamente.

15. Después de haber leído este relato y si tienes acceso a Internet, busca información sobre Perú y escribe con tus propias palabras un resumen de unas cinco líneas.

El capital de peru, Lima se llama la ciudad de reyes.
Pero tengo los lineas de Nazca fueron creada en el año 700.
Los lineas de Nazca en el sur de Perú son un grupo
de geoglifos en los arenas del desierto. Perú convertía
a un pais en el año 1821.

16. Berenice explica a Jordi la forma de preparar el *pisco sour*. ¿Por qué no escribes la receta de una bebida que te guste mucho de tu país o de otro? Si lo prefieres, puedes escribir la receta de un plato típico. Chocolate Caliente

½ taza de azúcar   ¼ taza de cacao Para hornear
Sal de tablero.
⅓ taza de agua caliente
4 tazas de leche
¾ cucaracitas de extracto de varilla

17. Al final de la historia todos están tan contentos que parecen haber olvidado a Diego... pero Diego nos interesa mucho. ¿Por qué no escribes en unas líneas qué ha pasado con él? Si quieres, imagina que alguien trae noticias (buenas o malas) o que Poli y él se encuentran un día en algún lugar del mundo.

Un día, Poli regresó a Bruselas para visitar su centro de acogida. Ese mismo día, Diego y su novia visitan Bruselas por primera vez. Ambos chicos tiene ahora veinte años. Alrededor de las tres de la tarde, Poli llegó a centro de acogida con las manos en el bolsillo del abrigo, casualmente, Diego y su novia caminan más allá del centro de acogida hacia el hotel. Los dos chicos hace contacto visual, y se reconocen instantáneamente. Año después, finalmente se reúnen.

18. Responde a las siguientes preguntas.

1. ¿Cómo imaginas el porvenir de Poli?
Poli estudiará mucho y trabajará como artista.

2. ¿Practicas el alpinismo o algún deporte de montaña? ¿Puedes decir por qué te gusta? Si no practicas estos deportes, ¿qué deportes te gusta ver en televisión? No practico el montaje, yo juego el vóleibol.

4. ¿Conoces alguna ONG en tu país? ¿Qué trabajo hace? ¿Te parece útil?
No, yo no conozco alguna ONG.

5. ¿Conoces a algún peruano? ¿Puedes escribir cómo es? ¿Cómo lo has conocido? No, yo no conozco a algún peruano.